COMPASSION

OU

COMPASSION

Hermine BIYONG

Compassion Hermine BIYONG

Remerciements

Je remercie notre Père céleste,

Pour m'avoir inspiré ce quatrième livre.

Il y a quelques années, certaines personnes me disaient que je ne pouvais pas écrire, surtout pas sortir des livres.

Parce que je n'étais pas pasteure, je n'étais pas populaire et que j'étais une maman solo.

Et pendant longtemps j'y ai cru. Et pourtant quelque chose brûlait en moi.

Dieu lui, avait déjà prévu toutes ces choses. Car il est écrit qu'il a préparé des œuvres d'avance pour nous, et de bonnes !

Je suis convaincue aujourd'hui qu'il n'y a que Dieu qui a le dernier mot dans nos vies.

Je remercie les personnes qui ont participé à la réalisation de ce livre, ainsi que tous mes autres livres.

Merci au Pasteur Tiki, pour la confiance, les corrections et mise en pages de tout ceci. Merci à Emmanuel pour la couverture et l'édition de ce livre.

Dieu envoie des personnes clés qui ont confiance en ce que nous faisons.

Je remercie ma famille, mes amis et mes proches pour le soutien de qualité.

Compassion ou insensibilité ?
La femme samaritaine

Jean 4 : 21

« Femme, lui dit Jésus, crois-moi, l'heure vient où ce ne sera ni sur cette montagne ni à Jérusalem que vous adorerez le Père »

Compassion ou coutume et tradition ? Jésus et la femme adultère.

Jean 8 : 4-8

« Ils dirent à Jésus : Maître, cette femme a été surprise en flagrant délit d'adultère. Moïse, dans la loi, nous a ordonné de lapider de telles femmes : toi donc, que dis-tu ? Ils disaient cela pour l'éprouver, afin de pouvoir l'accuser. Mais Jésus, s'étant baissé, écrivait avec le doigt sur la terre. Comme ils continuaient à l'interroger, il se releva et leur dit : Que celui de vous qui est sans péché jette le premier la pierre contre elle.

Et s'étant de nouveau baissé, il écrivait sur la terre »

Compassion ou religiosité ?

Psaumes 145 : 8-9

« L'Éternel est miséricordieux et compatissant, Lent à la colère

et plein de bonté. L'Éternel est bon envers tous,

Et ses compassions s'étendent sur toutes ses œuvres. »

Compassion ou suivre des règles ?

Matthieu, 18 : 11 à 23

« Car le Fils de l'homme est venu sauver ce qui était perdu.

Que vous en semble ? Si un homme a cent brebis, et que l'une d'elles s'égare, ne laisse-t-il pas les quatre-vingt-dix-neuf autres sur les montagnes, pour aller chercher celle qui s'est égarée ?

Et, s'il la trouve, je vous le dis en vérité, elle lui cause plus de joie que les quatre-vingt-dix-neuf qui ne se sont pas égarées.

De même, ce n'est pas la volonté de votre Père qui est dans les cieux qu'il se perde un seul de ces petits.

1 Si ton frère a péché, va et reprends-le entre toi et lui seul. S'il t'écoute, tu as gagné ton frère. Mais, s'il ne t'écoute pas, prends avec toi une ou deux personnes, afin que toute l'affaire se règle sur la déclaration de deux ou de trois témoins. S'il refuse de les écouter, dis-le à l'Église ; et s'il refuse aussi d'écouter l'Église, qu'il soit pour toi comme un païen et un publicain.

Je vous le dis en vérité, tout ce que vous lierez sur la terre sera lié dans le ciel, et tout ce que vous délierez sur la terre sera délié dans le ciel.

Je vous dis encore que, si deux d'entre vous s'accordent sur la terre pour demander une chose quelconque, elle leur sera accordée par mon Père qui est dans les cieux.

Car là où deux ou trois sont assemblés en mon nom, je suis au milieu d'eux.

Alors Pierre s'approcha de lui, et dit : Seigneur, combien de fois pardonnerai-je à mon frère, lorsqu'il péchera contre moi ? Sera-ce jusqu'à sept fois ?

Jésus lui dit : Je ne te dis pas jusqu'à sept fois, mais jusqu'à septante (soixante-dix) fois sept fois.

C'est pourquoi, le royaume des cieux est semblable à un roi qui voulut faire rendre compte à ses serviteurs. »

Compassion ou indifférence ?

Matthieu 20 : 34

« Ému de compassion, Jésus toucha leurs yeux ; et aussitôt ils recouvrèrent la vue, et le suivirent. »

Introduction

La société actuelle et même notre religiosité nous apprennent à ne plus être sensibles face aux situations que peut traverser une personne.

Pour la société, nous n'avons besoin de personnes, nous pouvons tout faire par nos propres efforts. Ce qui peut être vrai. Mais à un moment donné, nous sommes limités et lorsque nous traversons des tempêtes, nous pouvons être amenés à nous isoler de tous. La religiosité c'est le fait de prier juste pour soi, pour sa famille. Ce qui est une bonne chose, jusqu'au moment où une difficulté surgit et là nous cherchons la compassion, le pardon, l'amour de quelqu'un pour nous comprendre, ou pour nous aider dans cette situation.

Question : Si vous n'avez pas eu de compassion ou d'amour, pourquoi souhaitez-vous que les autres en aient pour vous ? Pourquoi veux-tu recevoir ce que tu n'as pas semé ? Et encore comment as-tu semé cela ?

S'il a plu au Créateur de créer une multitude de gens, d'individus, c'est parce qu'Il savait que nous avons besoin les uns des autres.

C'est pourquoi, pour former un couple naturellement, l'homme et la femme sont faits pour être ensemble, pour partager et féconder, assujettir, dominer. On ne peut le faire seul.

Plus nous avançons dans les siècles, plus nous perdons cette notion de compassion et d'amour de notre prochain. Et l'on se focalise plus sur l'individualisme.

L'individualisme peut devenir dangereux au point de mener à l'orgueil et faire croire que l'on peut tout faire seul. Cela est vrai pour certains domaines de nos vies : vivre seul, manger, dormir, s'habiller et cetera. Mais lorsque l'on veut avancer et évoluer, nous avons besoin de bonnes personnes autour de nous, des gens qui peuvent nous aider à nous relever lorsque nous traversons la vallée de l'ombre de la mort. Nous avons besoin de personnes qui ont de la compassion dans leur cœur.

L'amour et la compassion sont des caractéristiques de notre Créateur.

Compassion Hermine BIYONG

I - La compassion

1. Qu'est qu'est-ce que la compassion

En hébreu, racha mine signifie miséricordieux.

C'est l'état d'esprit d'une personne bienveillante face à une autre en souffrance, qui est intéressée de voir cette dernière sortir d'une situation délicate et retrouver une stabilité dans sa vie. Une personne qui se réjouit du bonheur des autres, quelqu'un qui ne regarde pas juste à son nombril, qui ne juge pas, qui n'est pas pressée de parler, mais qui est à l'écoute. Quelqu'un qui manque de compassion est comme une personne qui a un trouble de la personnalité, une personne antisociale, qui ne se soucie pas des conséquences de ses actions. Ceux qui disent : « j'ai dit ce que je pense tant pis s'il ou elle n'est pas content.e ».

2. La compassion et l'amour

La compassion, du latin « cum patior » qui signifie « souffrir avec », est un sentiment de bienveillance, une volonté d'aider, de considérer son prochain comme un autre soi.

Matthieu 20 : 34

« Ému de compassion Jésus toucha leurs yeux et aussitôt ils retrouvèrent la vie. »

II - La compassion, l'amour

Je crois pour ma part que les deux marchent ensemble car si on n'a pas d'amour, il est très difficile de manifester de la compassion envers son prochain.

En fait si nous manifestons de l'amour pour des personnes que nous connaissons, c'est en vain. Car ce sont des personnes que nous connaissons. Mais manifester de l'amour et de la compassion envers une personne inconnue est plus difficile. Et encore plus lorsque cette personne nous a fait quelque chose de douloureux dans le passé et qu'à son tour cette personne a besoin de compassion. Quelques fois, nous rentrons dans le jugement, la critique et nous oublions qu'un jour quelqu'un a eu de la compassion pour nous lorsque nous traversions des moments douloureux.

Il est plus facile de juger que de compatir lorsque c'est une personne qui nous a blessé.es.

Que Dieu nous aide !

Psaume 145 8 à 9

« L'éternel est miséricordieux et compatissant lent à la colère et plein de bonté l'éternel est bon envers tous et ses compassions s'étendent sur toutes ses œuvres. »

Je suis chrétienne depuis quelques années et j'ai fait un constat. Lorsqu'une personne arrive pour la première fois dans une assemblée, bien que l'accueil soit agréable, nous allons regarder son apparence et nous avons la facilité de la juger, d'imposer des coutumes, de parler, plutôt que de manifester de la compassion, de la miséricorde, de l'amour sans connaître les conditions, les situations de la personne.

Il est bien d'être dans une assemblée dans laquelle il y a de l'ordre et de la discipline, d'avoir un service d'accueil magnifique, mais si dans cela il n'y a pas de compassion et d'amour, le service est vain. Pire, à la fin du culte, nous pouvons faire fuir cette brebis. La personne bien qu'étant « bébé spirituel », aura parfois des réflexions au sujet de son apparence, de ce qu'elle fait, de son attitude, alors qu'elle devrait plutôt être considérée en fonction de son niveau spirituel et accompagnée dans sa croissance, avec amour, compassion et patience.

J'ai eu l'opportunité d'aller dans certaines assemblées dans lesquelles j'ai reçu quelques choses, car j'ai compris que lorsque Dieu te permet d'être quelque part, c'est pour apprendre quelque chose et comprendre.

J'ai pu voir que souvent, ce qui préoccupe plus les gens c'est parfois toutes les règles, les doctrines à suivre. Lorsque nous allons quelque part, bien sûr il faut essayer de s'adapter à ce qui se passe dans l'endroit où nous nous trouvons.

Exemple :

Il est vrai, quand nous travaillons dans une entreprise, qu'il y a une charte à suivre, une organisation :

- Respect de tes collègues

- Arriver à l'heure pour le bon fonctionnement de l'entreprise

- La tenue s'il y en a une qui représente l'entreprise.

Bref des règles à suivre pour le bon fonctionnement de l'entreprise.

Mais lorsque nous arrivons à Christ, bien que notre Dieu soit un Dieu d'ordre et de discipline, la plus grande des caractéristiques de Dieu c'est l'amour (la compassion, la miséricorde). Et c'est ce qui devrait le plus être pris en considération dans nos assemblées.

Surtout en sachant ce grand sacrifice qui a été fait par Jésus : un seul homme a pris sur lui le châtiment qui nous donne la paix. Un châtiment qui nous attendait tous car nous avons oublié le Créateur, nous avons oublié Celui qui nous a créés et qui donne le souffle de vie à chacun de nous.

Nous sommes arrivés à une période où nous faisons plus confiance en l'homme, qu'à Celui qui a créé l'homme. Ce qui fait que nous en oublions Ses caractéristiques. Bien qu'Il ait mis un peu d'éternité en nous, nous avons perdu cette notion de compassion. Sans ce châtiment nous ne pourrions pas nous tenir devant Dieu, car pour aller dans Sa présence dans l'ancien testament il fallait des tas de rituels (jeûnes, sacrifices, laver le matériel utilisé, etc. Pour les femmes il y avait certaines choses à faire pour pouvoir accéder au temple).

Aujourd'hui le voile a été déchiré, ce qui fait que nous n'avons plus besoin de faire tous ces rituels pour aller dans Sa présence. Nous pouvons aller dans Sa présence à n'importe quel moment.

Exemples :

Le voile du temple : Matthieu 27 : 51-52

« Et voici, le voile du temple se déchira en deux, depuis le haut jusqu'en bas, la terre trembla, les rochers se fendirent, les

sépulcres s'ouvrirent, et plusieurs corps des saints qui étaient

morts ressuscitèrent »

Jésus et le voleur à la croix : Luc 23 : 39-43

« L'un des malfaiteurs crucifiés l'injuriait, disant : N'es-tu pas le Christ ? Sauve-toi toi-même, et sauve-nous ! Mais l'autre le reprenait, et disait : Ne crains-tu pas Dieu, toi qui subis la même condamnation ? Pour nous, c'est justice, car nous recevons ce qu'ont mérité nos crimes ; mais celui-ci n'a rien fait de mal. Et il dit à Jésus : Souviens-toi de moi, quand tu viendras dans ton règne. Jésus lui répondit : Je te le dis en vérité, aujourd'hui tu seras avec moi dans le paradis. »

Ici, nous apprenons quatre (4) choses :

1) Jésus garde le silence devant les injures de ce malfaiteur.

2) Nous voyons que l'autre malfaiteur prend conscience de leur situation et reconnait que leur sort est juste.

3) Il reconnaît que Jésus n'avait rien fait de mal et pourtant il a eu la même sentence que les malfaiteurs. Ce voleur a eu compassion de la suite du Christ alors il a demandé à Dieu.

4) Jésus a vu le cœur et la révélation de ce malfaiteur et a eu compassion de lui et Jésus a répondu « aujourd'hui tu seras avec moi dans le paradis ».

<u>Retenons :</u>

C'est un homme qui avait passé son temps à voler, escroquer les gens, à mener sa vie etc. Il n'a jamais été au temple et ne donnait pas sa dîme. Il ne servait pas dans une assemblée. Il était un voleur. Et pourtant, il est la première personne à être entrée au paradis.

Si c'était à notre époque hum …
Cet homme aurait eu toutes sortes de paroles, aucune compassion, du jugement et encore du jugement.
Jésus a eu de la compassion, de l'amour et pourtant ce malfaiteur méritait son sort. Incroyable ! C'est tellement profond !
Un voleur qui est entré le premier au paradis !
Ce jour-là, à la croix le sang de Christ a coulé aussi pour lui, pour ce malfaiteur !

Je vous laisse méditer sur **Matthieu 21 : 31**

« [...] Je vous le dis en vérité, les publicains et les prostituées vous devanceront dans le royaume de Dieu. »

Les publicains et les prostituées vous précèdent dans le Royaume de Dieu.

Il est bien écrit « vous précèdent » et non « vous précéderont ».

Ce qu'il y a de formidable avec Dieu, ce que nous méprisons, ce sur quoi nous crachons, Dieu compatit.

Les personnes que nous pouvons haïr, mépriser, Dieu a compassion d'elles.

Psaume 145 : 8 à 9

« L'Éternel est miséricordieux et compatissant, Lent à la colère et plein de bonté. L'Éternel est bon envers tous, Et ses compassions s'étendent sur toutes ses œuvres. »

Toi qui es chrétien et sers depuis 15, 20, 25, 40 ans dans une assemblée, es-tu sûr.e d'aller au paradis ?

Toi qui suis la lettre au lieu de l'esprit ?

Toi qui connais tous les versets bibliques, qui donnes ta dime, qui jeûnes, es-tu sûr.e d'aller au paradis ?

Je disais à une personne il y a quelque temps, qu'en une fraction de seconde nous pouvons manquer l'enlèvement. Ceci à cause :

- D'une mauvaise pensée

- De la colère

- De la médisance

- De la jalousie

- De la culpabilité

- Du fait de ne pas lâcher prise

- Du fait de mépriser qui que ce soit

- Et cetera

Ma question est : es-tu prêt.e ?

Que Dieu nous aide !

III - La femme adultère

Je vais vous rappeler cette histoire avec la femme adultère dans **Jean 8 : 1 à 11.**

Jean 8 : 3-5

« Alors les scribes et les pharisiens amenèrent une femme surprise en adultère ; et, la plaçant au milieu du peuple, ils dirent à Jésus : Maître, cette femme a été surprise en flagrant délit d'adultère. Moïse, dans la loi, nous a ordonné de lapider de telles femmes : toi donc, que dis-tu ? »

Ici, nous voyons plusieurs choses :

1) L'acte qui a été commis : l'adultère.

2) Les personnes qui sont prêtes à punir cette femme : les spécialistes de la loi et les pharisiens.

3) La loi : coutumes, traditions.

Lorsque nous regardons de plus près, ces spécialistes de la loi et les pharisiens avaient raison : c'est la loi qui le disait, donc ils avaient raison (car cela se trouve en Deutéronome).

4) Le cœur de ces spécialistes de la loi n'avait aucun amour, ils suivaient à la lettre ce qui avait

été écrit par Moïse. Ils parlaient avec leur intellect.

Tous étaient prêts à piéger Jésus en disant et en démontrant que c'est la loi de Moïse : nous sommes prêts à lapider et à tuer cette femme.

C'est exactement ce qui se passe aussi de nos jours. Nous n'utilisons pas de pierres certes, mais nos paroles, nos comportements, nos indifférences envers une personne qui est tombée ou qui est en difficulté, notre éloignement face à une personne qui passe par la vallée de l'ombre de la mort.

Ici il s'agit de l'adultère. Mais :

- Face à quelqu'un qui a divorcé 2 fois et plus,

- Face à une personne qui a du mal avec un vice,

- Face à une personne qui se retrouve avec des difficultés, défis, dettes,

- Face à une mère qui éduque seule ses enfants,

- Face à une personne qui n'est pas encore mature,

- Face à une personne qui est malade, etc.

- Face à une personne qui s'habille d'une certaine manière, etc…

C'est là que nous constatons que nous n'avons pas d'amour pour les gens qui traversent des situations difficiles, mais que nous sommes plus enclins au jugement, à l'hypocrisie, à la médisance, au manque de pardon, à la mesquinerie, etc.

Nous manifestons de la compassion seulement envers ceux que nous connaissons, et encore !!!

Père Céleste aide nous (Que Dieu nous aide) !

J'attirerais notre attention sur :

Lévitique 20 : 10

« Si un homme commet un adultère avec une femme mariée, s'il commet un adultère avec la femme de son prochain, l'homme et la femme adultères seront punis de mort. »

Deutéronome 22 : 22

« Si l'on trouve un homme couché avec une femme mariée, ils mourront tous deux, l'homme qui a couché avec la femme, et la femme aussi. Tu ôteras ainsi le mal du milieu d'Israël. »

Or les accusateurs ne sont venus qu'avec la femme. Est-ce que l'on commet l'adultère seul.e ?

Revenons à cette femme adultère et voyons l'attitude de Jésus :

1) Il garde le silence.

2) Il a écouté ce que disaient ces spécialistes de la loi.

3) Il sondait le cœur de tout ce peuple.

4) Il a dit quelques mots : « que celui qui est sans péché jette la première pierre ».

Et pourtant Jésus connaissait cette loi sur l'adultère.

Mais quelle était l'attitude de Jésus ? Il a été rempli de compassion face au cœur meurtrier qu'avaient les spécialistes de la loi ou le peuple vis-à-vis de cette femme.

Si cette situation se passait actuellement dans nos assemblées, nous aurions banni cette femme. Certaines assemblées, certaines personnes l'auraient mise de côté. Je ne suis pas en train d'encourager l'adultère. Je veux juste que nous comprenions que lorsqu'une personne traverse des situations pénibles, elle n'a pas besoin qu'on lui rappelle le mal qu'il ou elle a fait, mais plutôt qu'on fasse preuve de compassion.

Car personne, je dis bien personne, n'est à l'abri d'une mauvaise situation, d'un mauvais comportement. Dans ces moments, nous avons besoin de trouver une ou deux personnes qui compatissent pour nous.

Et la réponse de Jésus à cette femme (**Jean 8 : 10**) *« Femme, où sont ceux qui t'accusaient ? Personne ne t'a-t-il condamnée ? »* !

De nos jours, avec les réseaux sociaux, les médias, la situation et le visage de cette femme auraient fait le tour du monde, au lieu de la protéger ou de prier pour que notre Seigneur la touche.

Ma question : Penses-tu avoir de la compassion ?

Que Dieu nous aide !

Psaume 145 : 8 à 9

« L'Éternel est miséricordieux et compatissant, Lent à la colère et plein de bonté. L'Éternel est bon envers tous, Et ses compassions s'étendent sur toutes ses œuvres. »

IV - Jésus et la foule Compassion ou Indifférence

Matthieu 15 : 32

« Jésus, ayant appelé ses disciples, dit : Je suis ému de compassion pour cette foule ; car voilà trois jours qu'ils sont près de moi, et ils n'ont rien à manger. Je ne veux pas les renvoyer à jeun, de peur que les forces ne leur manquent en chemin. »

Jésus a eu compassion de cette foule qui le suivait depuis trois jours. Une foule où il y avait des femmes et des enfants. Les disciples voulaient qu'on les renvoie chez eux. Mais Jésus ne pouvait pas, il avait vu comment cette foule était affaiblie ; du fait d'avoir marché pendant trois jours pour écouter Jésus. Il fallait qu'ils les nourrissent. Donc Jésus a parlé par l'autorité du Royaume de Dieu et a fait une démonstration de puissance.

Il n'a pas renvoyé la foule mais les a nourris. C'est incroyable ! Il n'a pas juste prié, mais il leur a donné quelque chose.

De nos jours, nous qui disons avoir la puissance de Dieu, ce dont je ne doute pas. Mais lorsque quelqu'un vient vers nous, surtout quand la situation est difficile, on lui demande de prier davantage. Ou nous lui disons : peut-être as-tu un démon ou un péché qui bloque ta situation !?!

Ce n'est pas ce que Jésus a fait avec la foule, pourtant il connaissait la vie et la situation de chaque personne qui était assise là. Il n'a pas commencé à prophétiser pour dire que : « tu as ceci dans ta vie », « tu as commis telle ou telle chose », « Le Seigneur me dit que c'est ta tante qui t'a rendu ainsi », etc.

Il a regardé la foule, il a été ému et il a eu de la compassion.

Ensuite il a fait une démonstration de puissance.

Je pense qu'en tant que chrétien, l'humilité doit vraiment faire partie de notre style de vie.

Mon constat est que nos assemblées sont pleines de personnes qui ont la lettre, mais pas l'esprit. Et pourtant, nous savons que la lettre tue et l'esprit vivifie.

2 Corinthiens 3 : 6

« Il nous a aussi rendus capables d'être ministres d'une nouvelle alliance, non de la lettre, mais de l'esprit ; car la lettre tue, mais l'esprit vivifie. »

Nous pouvons avoir toute la connaissance du monde et citer tous les versets à notre connaissance, mais ne pas avoir de la compassion, ni de l'amour. En fait c'est parce que nous faisons les choses simplement pour satisfaire notre conscience.

Compassion Hermine BIYONG

Conclusion

Nous devons faire attention à ce que nous semons sur cette terre.

Si tu sèmes de l'amour, tu récolteras de l'amour.

Si tu sèmes de la compassion, tu récolteras de la compassion.

Si tu sèmes de la joie, tu récolteras de la joie.

Si tu sèmes des injures, tu récolteras des injures.

Si tu sèmes de l'infidélité, tu récolteras des infidélités.

Si tu sèmes de la colère, tu récolteras de la colère.

Si tu sèmes du désordre, tu récolteras du désordre.

Personne, je dis bien personne, n'est à l'abri d'une mauvaise situation, d'un mauvais comportement, d'une mauvaise pensée, d'une mauvaise attitude.

Alors à ce moment, nous avons besoin de trouver de la compassion sur notre chemin.

Alors sème bien, sème de bonnes choses, afin de ne pas récolter la « dette Karmique ».

Car la vérité est bien « tu récolteras ce que tu auras semé ».

Galates 6 : 7 (Version Louis-Segond)

« Ne vous y trompez pas : on ne se moque pas de Dieu. Ce qu'un homme aura semé, il le moissonnera aussi. »

Galates 6 : 7 (Version Segond 21)

« Ne vous y trompez pas : on ne se moque pas de Dieu. Ce qu'un homme aura semé, il le récoltera aussi. »

Lorsque christ nous attire à Lui, l'une des choses que Dieu regarde c'est le cœur. Et non l'apparence.

Dieu regarde à la sincérité du cœur. Et non à la manière dont la personne est habillée, coiffée ; ni si la personne a un foulard sur la tête ou pas.

Et même lorsque que cette personne poursuit sa relation avec Dieu, peu importe le temps que cela prendra, ce n'est ni vous ni moi qui allons changer cette personne.

Il n'y a que Celui qui l'a créé.e et appelé.e qui fera ce processus, car le changement, la transformation, la restauration divine, c'est un processus.

Ce que nous devons faire, c'est manifester de la compassion pour aider cette personne à continuer son chemin avec Le Seigneur.

Faisons une prière

Père céleste,

Je te demande pardon d'avoir été égoïste.

Je reconnais ne pas avoir manifesté de la

compassion envers mon prochain.

Je suis resté.e focalisé.e sur mes intérêts en

oubliant qu'à mon tour, je pourrais avoir besoin

de compassion et d'amour.

Aujourd'hui Seigneur, aide-moi à manifester de la

compassion autour de moi et même envers ceux

qui m'ont blessé.e ou qui le feront.

Je déclare que je suis une personne qui manifeste

de la compassion au nom de Jésus.

Amen.

46

Table des matières

REMERCIEMENTS 5

COMPASSION OU INSENSIBILITE ? LA FEMME SAMARITAINE 8

COMPASSION OU COUTUME ET TRADITION ? JESUS ET LA FEMME ADULTERE. 9

COMPASSION OU RELIGIOSITE ?................................10

COMPASSION OU SUIVRE DES REGLES ? 11

COMPASSION OU INDIFFERENCE ? 13

INTRODUCTION 15

I - LA COMPASSION 19

II - LA COMPASSION, L'AMOUR 21

III - LA FEMME ADULTERE 31

IV - JESUS ET LA FOULE COMPASSION OU INDIFFERENCE....37

CONCLUSION..41

FAISONS UNE PRIERE..44

Autres livres de l'auteure